世界五千年
科技故事丛书
卢嘉锡题

《世界五千年科技故事丛书》
编审委员会

丛书顾问　钱临照　卢嘉锡　席泽宗　路甬祥
主　　编　管成学　赵骥民
副 主 编　何绍庚　汪广仁　许国良　刘保垣
编　　委　王渝生　卢家明　李彦君　李方正　杨效雷

世界五千年科技故事丛书

宇宙的中心在哪里

托勒密与哥白尼的故事

丛书主编　管成学　赵骥民

编著　贺军

吉林出版集团　吉林科学技术出版社

图书在版编目（CIP）数据

宇宙的中心在哪里：托勒密与哥白尼的故事 / 管成学，赵骥民主编. -- 长春：吉林科学技术出版社，2012.10（2022.1 重印）

ISBN 978-7-5384-6149-7

Ⅰ.①宇… Ⅱ.①管… ②赵… Ⅲ.①托勒密体系—通俗读物 ②哥白尼，N.（1473～1543）—生平事迹—通俗读物 Ⅳ.①B502.2-49 ②K835.136.14-49

中国版本图书馆CIP数据核字（2012）第156340号

宇宙的中心在哪里：托勒密与哥白尼的故事

主　　编	管成学　赵骥民
出 版 人	宛　霞
选题策划	张瑛琳
责任编辑	潘竞翔
封面设计	新华智品
制　　版	长春美印图文设计有限公司
开　　本	640mm×960mm　1 / 16
字　　数	100千字
印　　张	7.5
版　　次	2012年10月第1版
印　　次	2022年1月第4次印刷
出　　版	吉林出版集团 吉林科学技术出版社
发　　行	吉林科学技术出版社
地　　址	长春市净月区福祉大路5788号
邮　　编	130118
发行部电话 / 传真	0431-81629529　81629530　81629531 81629532　81629533　81629534
储运部电话	0431-86059116
编辑部电话	0431-81629518
网　　址	http://www.jlstp.net
印　　刷	北京一鑫印务有限责任公司
书　　号	ISBN 978-7-5384-6149-7
定　　价	33.00元

如有印装质量问题可寄出版社调换
版权所有　翻印必究　举报电话：0431-81629508

序　言

十一届全国人大副委员长、中国科学院前院长、两院院士

放眼21世纪，科学技术将以无法想象的速度迅猛发展，知识经济将全面崛起，国际竞争与合作将出现前所未有的激烈和广泛局面。在严峻的挑战面前，中华民族靠什么屹立于世界民族之林？靠人才，靠德、智、体、能、美全面发展的一代新人。今天的中小学生届时将要肩负起民族强盛的历史使命。为此，我们的知识界、出版界都应责无旁贷地多为他们提供丰富的精神养料。现在，一套大型的向广大青少年传播世界科学技术史知识的科普读物《世

序 言

界五千年科技故事丛书》出版面世了。

由中国科学院自然科学研究所、清华大学科技史暨古文献研究所、中国中医研究院医史文献研究所和温州师范学院、吉林省科普作家协会的同志们共同撰写的这套丛书，以世界五千年科学技术史为经，以各时代杰出的科技精英的科技创新活动作纬，勾画了世界科技发展的生动图景。作者着力于科学性与可读性相结合，思想性与趣味性相结合，历史性与时代性相结合，通过故事来讲述科学发现的真实历史条件和科学工作的艰苦性。本书中介绍了科学家们独立思考、敢于怀疑、勇于创新、百折不挠、求真务实的科学精神和他们在工作生活中宝贵的协作、友爱、宽容的人文精神。使青少年读者从科学家的故事中感受科学大师们的智慧、科学的思维方法和实验方法，受到有益的思想启迪。从有关人类重大科技活动的故事中，引起对人类社会发展重大问题的密切关注，全面地理解科学，树立正确的科学观，在知识经济时代理智地对待科学、对待社会、对待人生。阅读这套丛书是对课本的很好补充，是进行素质教育的理想读物。

读史使人明智。在历史的长河中，中华民族曾经创造了灿烂的科技文明，明代以前我国的科技一直处于世界领

序 言

先地位，涌现出张衡、张仲景、祖冲之、僧一行、沈括、郭守敬、李时珍、徐光启、宋应星这样一批具有世界影响的科学家，而在近现代，中国具有世界级影响的科学家并不多，与我们这个有着13亿人口的泱泱大国并不相称，与世界先进科技水平相比较，在总体上我国的科技水平还存在着较大差距。当今世界各国都把科学技术视为推动社会发展的巨大动力，把培养科技创新人才当做提高创新能力的战略方针。我国也不失时机地确立了科技兴国战略，确立了全面实施素质教育，提高全民素质，培养适应21世纪需要的创新人才的战略决策。党的十六大又提出要形成全民学习、终身学习的学习型社会，形成比较完善的科技和文化创新体系。要全面建设小康社会，加快推进社会主义现代化建设，我们需要一代具有创新精神的人才，需要更多更伟大的科学家和工程技术人才。我真诚地希望这套丛书能激发青少年爱祖国、爱科学的热情，树立起献身科技事业的信念，努力拼搏，勇攀高峰，争当新世纪的优秀科技创新人才。

目 录

浩瀚的星空/011

古代人眼中的宇宙/015

托勒密和他的宇宙体系/029

哥白尼的出现/042

四十年的孕育/052

《天体运行论》/074

真实的宇宙/111

浩瀚的星空

在晴朗的夏天的夜晚,当你来到户外,如果你不是生活在一片林立的高楼中,周围也没有强烈的灯光,几乎不用望远镜,你就会注意到天上的景象,仰起头,你会看到满天的繁星晶莹闪烁!如果你试图数数到底有多少颗星星,你会很快发现这不太可能，太多了，大大小小的星星像宝石一样布满了整个天空。

盯着星空看久了，你会自然而然生出许多疑问：这些星星到底是什么，为什么有的亮，有的暗？它们离我们到底有多远？这些星星上也和地球一样有人居住吗，如果有，从他们那里看我们地球会是什么样子？诸如此类的问题在脑海里盘旋，慢慢地沉浸在对宇宙的遐想之中。

坦率地讲，在我小时候，许多夏天的夜晚便是在一边纳凉，一边对着天空发呆中度过的，脑海里就存着这些简单却让我痴迷的问题。

也许这些问题对你来说根本不算什么，你早就从教科书、科普读物、电视、电影里知道了答案。

天上的星星绝大多数是一种叫做恒星的天

体，它们能自身发光发热，所以我们能看见它们。

恒星离我们非常遥远，即使以光那样快的速度，也要跑上许多年。它们大小不一，离我们远近不同，所以看起来大小各异。

有少数的星星看得出明显的运动，它们叫做行星，行星沿着固定的椭圆形轨道围绕着恒星旋转，它们靠反射恒星的光而发亮。

地球就是一颗行星，它和其他行星一起围绕太阳旋转。从宇宙中看地球，它是一颗蓝色的星球。

也许你知道得更多，但仅仅是上述的这些，你就比500多年前的天文学家们知道得多了，并且更为正确。你的确可以为你的天文学知识感到自豪了，但问题是，你知道这些，是因为有人告诉你。如果没人告诉你，也没有书本、电视可看，你能够通过你的观察来发现这些吗?

　　我想，没有人敢肯定他一定能发现并证明这些，尽管这些知识现在看起来很简单。要知道，我们总是站在前人的肩膀上来看世界的，所以很容易比前人看得更远，但这丝毫不表明我们比前人更伟大。伟大来自于不断发现和不断继承，当我们为自己的新发现而感到荣耀的时候，我们应该与前人一起分享这种荣耀。我们的后代也是如此。

古代人眼中的宇宙

暖温带地区的一个傍晚,太阳已落到地平线下,一群直立着的原始人类正扛着一天的猎获物往山上走去,他们要在天色完全变黑之前回到他们居住的山洞。已经看得见山洞口若隐若现的火光了,他们中有几个兴奋地叫了起来。一个年轻的原始人一回头，突然看见夜空中划过一道明亮的光芒，这道亮光划过一个长长的弧线之后，消失在遥远的山幕后面。年轻的原始人呆住了，这种奇妙的景象让他惊叹不已。从此以后，他对繁星点点的夜空充满了敬畏和好奇。

  我们无法确定这假想的一幕发生在什么时候，但是在人类认识宇宙的漫长过程中，肯定是有过这种情景的。我们祖先中的某些个体可能对夜晚星空的灿烂群星抱有浓厚的兴趣，天空中偶尔出现的异常现象更是让他们惊叹不已，他们可能试图把这些发现告诉给同伴，或者记录下来，而这些发现又吸引他们以后更多地观察天空，渐渐地，他们终于发现了某些规律。人类祖先中的这些人就是最早的"观星家"，最初的天文知识就是从他们的积累开始的。

这种积累过程在不同的民族中都有发生，形成了各民族对宇宙的不同认识。

古代印度、埃及、巴比伦和中国的宇宙观念

古代的一些民族认为，大地是平坦的，而且静止不动，整个天空包括太阳和月亮每天围绕它旋转一周。他们的一些想法，在我们现在看来非常奇特。印度吠陀时代的祭师认为，大地是由十二根巨柱支撑着，在夜间，太阳在地下通过，在巨柱间穿行时还要设法不碰上它们。印度教的理论更为奇特，按照这种理论，大地驮在四只大象的背上，而这四只象则站立在一只巨龟的壳上，这巨龟在无边的海洋中游动着。

古埃及人和古巴比伦人心目中的宇宙比较相似，他们认为宇宙是一个方盒，天是一块平坦或穹隆形的天花板，四方有四个天柱，即山峰所支撑，星星是用链索悬挂在天上的灯，在方盒的边沿上，围着一条大河，河上有一条船载着太阳来往。

在古代中国，关于宇宙的形态也有不同说法。有人认为，大地是平的，浮于水上，天象半个鸡蛋壳倒扣于水上，天和地之间充满了无形的元气，所以天不会下沉。还有人认为，宇宙就像一个鸡蛋，天是蛋壳，地是球形的蛋黄，在天的包围中央，浮在水上。

古希腊人眼中的宇宙

在东方文明发展的同时，古希腊文明也发展到了很高的程度。由于地理与历史的原因，古代世界的许多条知识之流在希腊汇合起来，由古希腊人总结并加以发扬,成为世界文明发展的一个突出阶段。对于宇宙的认识,在古希腊时代也得到了空前发展。

古希腊人对宇宙的看法,有各种不同的观点。

有一个叫阿那克西曼德(Anaximander)的人,他大概生活在公元前610—前545年,他通过观察发现,天空总是围绕着北极星旋转,因此他得出结论说,天空的可见的穹窿是一个完整的球体的一半,地球就处在这个球体的中心。在他之前,人们一直以为大地是一块无限厚的坚实的地板,而阿那克西曼德把它说成是一个有限的扁平的圆筒,最初由水、空气和火的外衣包围着,浮游在天球之中。太阳与星星就是从原来的火焰外衣中分裂出去的碎片,系在圆形的天上,随着天空绕地球转动，地球则是万物的中心，太阳在夜间就转到地下面去了。

在阿那克西曼德之后，有一位叫毕达哥拉斯的学者，他和他的追随者被人称作毕达哥拉斯学派。他们认为，地球是一个球体，如果假定地球在运动，就能够更好，并且更简单地解释人们从地上看到的天体的运动（这种运动称为天体的视运动）。他们还认为，地球不是绕着自己的轴心转动，而是绕着空间中固定的一点转动，就像系在绳子一端的石块一样转动。在这个固定点上有一个中央火，这是宇宙的祭坛，是人永远也看不见的。看到这里，你也许会问，这个中央火是不是太阳？这和我们现在所认识的太阳系不是一样吗？那毕达哥拉斯派的观点不是大大早于哥白尼了吗？问得好，然而，毕达哥拉斯派的中央火并不是指太阳，而是他们虚构的物质。

　　古希腊有一位伟大的哲学家亚里士多德，他是古希腊知识的集大成者，在他几乎囊括一切的知识体系中，他提出了自己的宇宙观，他认为地球是球体，宇宙的中心是地球，月亮、太阳其他行星和恒星依次排列在地球以外的不同轨道上，构成了一个地球中心的宇宙体系。由于亚里士多德的学术威望，他的学说统治了当时及以后的天文学界，对天文学家接受其他的假说起了很大的阻碍作用。

　　公元前四世纪时，随着航海的发展，欧洲人在地理有了许多发现。当时已经知道地球是一个球体，还有人发现昼夜的长短随纬度而不同，进而认为地球在空间中央绕着自己的轴而自转。作出更大胆假说的是一个叫阿利斯塔克

（Aristarchus）的人，对于宇宙的结构，他认为恒星与太阳是不动的，地球沿着一个圆周的周边绕太阳运动，太阳则在轨道的中心。

聪明的朋友会问，我们在行驶的汽车上看两旁静止的树，觉得树在向后运动，既然地球是运动着的，那么从地球上看恒星也应该是在运动的，为什么我们却看不到这种现象呢？阿利斯塔克解释说，这是因为恒星的距离同地球轨道直径比起来极其巨大的缘故。我们可以在日常生活中找到这种经验，如果你在行驶的汽车上看窗外的太阳，你会发现，无论汽车跑得多么快，只要它行驶的方向不变，太阳总是出现在相同的位置，好像紧紧跟着你似的。为什么？不难想出，这是因为太阳离地球太远，汽车移动的距离和它相比太微不足道了，就好像没有移动一样。

从现在的观点来看，阿利斯塔克对宇宙形态的假设有许多是正确的，大大超过了同时代人的认识。但这种超前往往导致了这种知识的传播上的困难，人们更倾向于接受得到公认的、占主流的知识，而不愿意相信那些大胆和超前的假说。在古希腊，关于宇宙形态的普遍认识是把地球当做宇宙的中心，其他一切星体都围绕地球运转，这更符合人们从地球来观察宇宙的习惯，因而得到大多数人的接受。这种认识又因为像亚里士多德这样伟大学者的权威而得到加强。这种情形在科学的发展中是常常可以看到的。

亚历山大里亚学派的宇宙

公元前四世纪末到公元前三世纪初，世界的学术中心已经从希腊的雅典转移到了地中海沿岸的另一个城市——亚历山大里亚。这个城市在现在的埃及境内,是亚历山大大帝在公元前332年建立的。他的一位将军托勒密(与我们将要提到的天文学家托勒密同名)在那里建立了一个希腊王朝,直到公元前30年才结束。亚历山大里亚学派在这个王朝期间显示了极度的繁荣。

公元前三世纪中叶,亚历山大里亚建立了著名的博物馆(Museum),这个词的本义是献给文艺女神缪斯(Muses)的殿宇。博物馆最大的特色是它那藏书四十万册的图书馆,这是当时世界最大的图书馆。博物馆内还设立了四个部门——文学部、数学部、天文学部和医学部。这四个部门不仅是学校,而且是研究所,它们所需要的图书完全由图书馆提供。博物馆的建立与亚历山大里亚学术的繁荣有紧密的联系,它吸引了当时许多著名的学者前往亚历山大里亚。

亚历山大里亚的文明是一种希腊化的文明。在亚历山大里亚的学术中，天文学得到了比较好的发展。前面我们提到过的阿利斯塔克，据说就在亚历山大里亚居住过。

埃拉托色尼（Eratosthenes）是亚历山大里亚学派中一位极为出色的学者。他被邀请到亚历山大里亚，在图书馆中担任馆长。他在天文学上最显著的成就是他对于地球周长的测量。

他的方法非常简单而巧妙。埃拉托色尼从一本书中看到，亚历山大里亚南部一个叫塞恩（Syene）的地方，有一口深井，夏至日（北半球白天最长的一天）的时候，太阳刚好照到井底，埃拉托色尼认为这天太阳恰好经过塞恩的天顶。于是，他在这天到塞恩测量，同时派人在亚历山大里亚立一根柱子，在正午时测出它的最短影长，再计算出日光与柱子的角度a，由于太阳光是平行线，所以a=a'，这个角度大约是圆周的1/50。埃拉托色尼认为，如果地球是个圆球，那么塞恩到亚历山大里亚的距离就应该是地球周长的1/50。他测出了塞恩到亚历山大里亚的距离，据此计算出地球的周长是252 000希腊里。经过换算，这一数值约等于39 600千米，非常接近于真实值4万千米。

亚历山大里亚学派另一位伟大的天文学家是喜帕恰斯（Hipparchus）。他一生做了很多研究。他编制了一个重要而且精确的恒星表，在他以后的16个世纪，天文学家们只能不断重做喜帕恰斯星表的观测工作。他还计算了太阳和月亮到地球的距离，结果比以前的计算更为准确。

如果你有一些天文常识，一定知道地球绕着它的轴自转，自转轴的方向是不变的，始终指着宇宙中的某个位置——天极。我们常说的北极星就在北天极附近。喜帕恰斯通过比较前人和自己的观测结果，发现天极并不是恒定，而是缓慢地绕着一个点在运动。天极的这种运动叫做视差，喜帕恰斯观察并计算出了视差的值。

喜帕恰斯对于宇宙的结构也提出了富有创见的假定。他认为地球是宇宙的中心，其他星体都围绕地球旋转。为了解释日、月、行星的视运动，喜帕恰斯假定，每一个天体都在一个轨道上运动，这个轨道叫做本轮，而本轮又在一个大得多的圆形轨道——均轮上围绕地球运行。根据直接的观察，可以确定这些本轮和均轮的大小。然后，他又编制了一些数字表，根据这些表就可以预测未来时候的日、月、行星的位置,并且可以预测日食和月食。

现在看来,喜帕恰斯的假定无疑是错误的,但它在实际解释星体的视运动时却十分有用。喜帕恰斯的理论由他的后继者托勒密加以总结和发扬,成为统治西方一千多年的宇宙理论。

托勒密和他的宇宙体系

在喜帕恰斯之后大约两百多年，亚历山大里亚出现了一位学者——托勒密。

关于他的生平，我们所知的实在太有限了。在写作这本书的时候，我试图找到托勒密的有关事迹，最好是一些有趣的故事，这样故事本身就能掩盖我乏味的文笔。但我失望了，我所看到的每一本书在提到托勒密时都不无遗憾地称，对他的生平几乎一无所知。我们所知道的仅仅是，他的活动年代大概在公元二世纪，大约死于公元180年。他可能是一位希腊化的埃及人，在著名的亚历山大里亚图书馆工作。

所幸的是，他留下了著作，我们从中可以了解他在人类认识世界的过程中所留下的这一段足迹，这样也许能理解他何以在欧洲影响达十三个世纪之久了。

亚历山大里亚最后一位伟大学者

我们提到托勒密时，首先想到的往往是一位天文学家和他那著名的宇宙体系。实际上，托勒密是一位博学的学者，除了天文学外，他还在数学、地理学和物理学等领域有很多研究。这反映出古代科学家们所共有的特点——博学，这与我们今天社会中的科学家有很大不同。现在的科学家虽然在研究的深度上超过了古代，但从研究领域上来看，往往只是某个狭窄领域内的专家而已。

托勒密堪称一位地理学家，实际上，他对欧洲地理学的影响丝毫不亚于他在天文学上的影响。他曾写过一本著名的书——《地理学》。托勒密认为，在测量和绘制地图时，必须先对经纬度进行正确观察，然后才能取得圆满的成果。他在《地理学》一书中，详细地解释了怎样从数学上确定经纬度。这种原则在我们现在看来无疑是对的，它把地理学建立在一个牢固的基础上。可托勒密掌握的材料太有限了，加上当时还没有什么方法可以精确地测量经度，他给出的经线没有一根是用天文学方法确定的，仅仅少数的纬线是这么计算的。他靠这种无把握的经纬网确定的地理位置自然免不了出错，尤其是海面上的位置，简直就是猜测出来的。在他绘制的地图上，亚洲到欧洲的距离比它真实的位置更近。有趣的是，托勒密的错误倒是鼓励了航海家们的勇气。十三个世纪后，托勒密的地理观点仍很权威，被地图制造者们认可，并恭恭敬敬地画在他们的地图上。而雄心勃勃的哥伦布看到遍布黄金和香料的亚洲在离欧洲西面很近的海上，无疑勇气大增，于是欣然开始了他的亚洲航行，可没想到无意之中却发现了美洲大陆。如果托勒密给出的地理位置再精确一些，也许美洲大陆的发现将是另外一番情形了。

托勒密的另一本著作——《光学》，对光的反射和折射作了比较详细的研究。

除此之外，托勒密还写了一本有关占星术的书——《天文集》，这本书可能比他的其他著作流传得更广一些。据说，现在占星学的大多数概念和争议都发源于托勒密的这本著作。如此看来，托勒密也可以被看做是占星理论的祖师爷。这种天文学家和占星术家合而为一的身份是很有趣的。在现在的时代，一个天文学家如过分热衷于占星术，这往往会有损于他作为科学家的声誉。而在古代，这种双重身份是很自然的事情，有时天文学甚至是一个占星术家的副业。既然只有天文学家们熟知天上的星星和星座，而神已在这些星体上，他们当然有义务把影响人类命运的天象告诉给人们。

托勒密最具影响的著作是他的《天文学大成》，这本书包括了他本人的研究成果和前人的天文学成就，代表了发展500年的希腊天文学和宇宙学思想的最高成就，这是影响并统治欧洲13个世纪的科学。

托勒密去世之后，亚历山大里亚学派渐渐趋于衰落。随着希腊统治在埃及的消亡，托勒密和他的前辈们所创造的文明奇迹也逐渐成为过去。托勒密就像希腊文明中的最后一座高峰，在他之后的相当长时期内，科学没有出现大的发展，这一阶段持续了十三个世纪。

托勒密的宇宙体系

在托勒密生活的时代，天文学还处在幼年期，人们对宇宙的认识还停留在最初阶段。我们在前面曾提到，对于宇宙的结构，古代不同民族，不同学派有过许多不同见解，但占主导地位的还是自亚里士多德时代起就流行的地球中心说。尽管这种认识有可能是错误的，但它与人们的常识最接近，在经过学术权威的强化之后被整个知识界和大众阶层所接受，并通过教育传给下一代。

托勒密无疑是赞同地球中心说的，在他一生中，他一直用他的智慧和研究成果为这一理论的大厦寻找支撑，添砖加瓦，以使它更加完善。

作为一门古老的学问，天文学的基本目的，也是天文学家们一直在做的事情是：观察宇宙中的天文现象，然后解释它们。当他们这样做的时候，他们往往首先提出一些假设，在这些基本假设下解释天文现象，谁做得更好，谁的理论就更合理。当然，这在人们都承认科学的合理性的前提下才成立。如果有其他非科学因素的干扰，那么更先进的理论就不会马上被承认。我们在以后有关哥白尼的故事中将会看到宗教和习俗的力量对科学发展的阻碍作用。

在托勒密时代，人们对宇宙的基本理解是这样的：宇宙以地球为中心，所有天体以均匀速度按完全圆形的轨道绕地球旋转。天文学家们面临的问题是，在这一假设之下，如何来解释天体的运动。

恒星似乎能老老实实地满足这一假设。它们之间的相对位置没有什么变化，很容易使人感觉到它们以一个整体在绕地球旋转，东升西落，一天绕地球一周。当时人们已经认识到恒星离我们地球非常遥远，在托勒密的宇宙体系中，它们被统统放在其他星体之上一个被叫做恒星天的轨道。我们以后会看到，恒星距离的遥远将会给托勒密体系的自圆其说造成很大麻烦。

同托勒密捣乱的是天空中的"流浪汉"——行星。当时人们已经观察到的行星有水星、金星、火星、木星和土星，月亮和太阳也被看做是行星，因为它们有显著的视运动。对这些星体到地球的距离，天文学家们也有大致正确的认识，它们被分别置于各自的轨道上，轨道被称为某某天。

这些"流浪汉"的行踪往往不定，虽然大致沿着一个方向运动（顺行），但有时快，有时慢，有时几天停在一个地方（留），有时甚至还逆着原来的方向走上一段（逆行），然后再掉过头去继续运行。

"流浪汉"们反复无常的脾气让天文学家们大伤脑筋，不过这也正是体现托勒密和他的一些前辈们过人之处的地方。从亚里士多德开始，天体的轨道被认为必定是圆形的；因为圆形被视为"完美无缺"的形状，而天上是不容许有缺陷的东西存在的。但是，作为数学家的托勒密认识到，实际观察到的行星运动用它们沿圆形路径围绕地球旋转的理论是无法解释的。于是，他想出这样一个体系，采用了三种原始假设来解释星体不规则的视运动：偏心轮、本轮和均轮。如果星体在偏心圆上以恒定的速度绕地球运动，那么就可以简单地说明当时已知的星体视运动的不匀速性。然而这解释不了行星的留和逆行，于是托勒密又利用了本轮和均轮，他设想每个天体都沿一个小圆（本轮）运动，本轮的中心又沿着正圆形轨道围绕地球旋转，那么留和逆行似乎也得到了说明。

在前人的基础上，托勒密创立了自己的本轮——均轮——对称点体系，将三种假设揉合在一起，对星体的运行加以解释。

托勒密是一位杰出的天文观测家，他利用前人和自己的观测结果，为不同的行星设计了不同大小的本轮和均轮，对火星、金星和水星等的轨道分别加以解释。如果单独描述某一颗行星的时候，这种理论能够较好地解释观测到的现象。但是如果把它们放在一个模型中，那么它们的尺度和周期将发生冲突，一切全乱套。看来一个本轮还不足以将行星们的不规则运行表达清楚，于是托勒密添加了本轮，试图用本轮运动的叠加来解释行星的真实运动。结果宇宙里轮子越来越多，整个托勒密体系变得笨拙不堪。

然而无论缺点如何，这种体系还是完整地保持了1300年之久。

我们在前面谈到过，古希腊时候也有人提出过地球运动和太阳中心的假说，托勒密应该是知道的，他如何来看待这些观点呢？他依据所谓物理学的理由，反对地球运动的观点。

他认为，如果地球以很快的速度在运动，那么就不可能看见有向东移动的云彩，以及飞翔之物或被抛向天空的物体了。由于地球在向东转动时，总是跑在它们前面，因而其他一切东西看来都会被甩在地球后面而向西移动。如果地球以那么大的速度在转动，那么地球上的所有物体都会因为受到离心力的作用而向外飞散，整个地球也有崩溃的危险。

托勒密认为，仅仅想到这些东西，就会使人觉得地球运动观点的可笑。

哥白尼的出现

童年与少年

　　1473年2月19日,尼古拉·哥白尼(Mikolaj Kopernik)出生在波兰维斯杜拉河畔的托伦市。他的父亲是一位商人,于15世纪50年代从当时波兰的首都克拉科夫移居到托伦,后来他娶了托伦市一个大商人的女儿为妻。他们一共养育了四个子女，尼古拉是最小的一个。

哥白尼刚满十周岁那年，他的父亲去世了。他们兄弟姐妹的生活和教育成了家庭不小的负担。这时，哥白尼的舅父卢卡斯·瓦琴罗德就把他接过去，承担了对他的抚养和教育。卢卡斯当时是弗隆堡地区大教堂的牧师，后来又担任瓦尔米亚的主教，他曾在意大利的博洛尼亚大学获得教会法规博士学位，是一位很有学识的人。他可能想把小哥白尼培养成神职人员，因为在那个时候，在教堂里工作是个稳定而体面的职业，并且有着丰厚的薪水。

为了把哥白尼培养成人，卢卡斯舅舅花了不少心血，先后把他送到自己主持的圣约翰学校和弗洛克拉维克的教会学校去学习。

哥白尼少年时代的生活，人们知道得很少。

在他成为有名的天文学家之后，为了证明他是个神童，于是有人传说，在弗洛克拉维克的教会中学里有一位善于制作日晷的教师，哥白尼当时就对这种新奇的仪器充满兴趣，这位教师还帮他造了一架。不过，这多半是后人的传说，不一定可靠。

克拉科夫大学

1491年，哥白尼十八岁的时候，他和哥哥安德烈斯一起进入克拉科夫大学。

克拉科夫当时是波兰的文化和贸易中心。克拉科夫大学在15世纪时是欧洲著名的学术中心，许多外国学生都来这里求学。哥白尼进大学的时候，欧洲文艺复兴的思想正开始蔓延，而大学常常是新思想产生和发展的地方，可以肯定，这对哥白尼思想的形成有着不小的影响。

文艺复兴的一个重要特征是崇尚自然科学。在这种风气之下，克拉科夫大学对数学和自然科学十分重视。虽然卢卡斯舅舅期望把他培养成神职人员，但哥白尼的主要兴趣在自然科学方面。哥白尼在克拉科夫大学学习到1495年，他是否取得了学位，他完成了哪些学业，我们都无法知道。但从他保存下来的两个笔记本来看，他学习过天文学、数学和地理学。其中天文学的内容有球面天文、行星理论、日月食表和占星术等。这所学校的数学教授布鲁楚斯基对哥白尼的影响很大。他当时在克拉科夫大学教授数学和天文学，精通亚里士多德学说和托勒密的理论，哥白尼对他教授的课程和他的思想很感兴趣。在他的指导下，哥白尼有机会深入钻研托勒密的宇宙体系，并且学会了使用天文仪器观察天体。经过布鲁楚斯基的启蒙，哥白尼对天文学产生了极大的兴趣，并且最终选择了他一生奋斗的方向。

游学

卢卡斯真不愧是个好舅舅，他按照自己的愿望精心设计着哥白尼的未来。他也许考虑得很周到，不过忽略了一点，那就是哥白尼自己的兴趣。

1495年8月，为了外甥的前途，卢卡斯设法在瓦尔米亚牧师会为哥白尼争取到了一名僧正的职位，但哥白尼没有马上到任。从1495到1496年大约有一年的时间，他在德国的几个大学游学，听过一些课程，但没有正式入学。1496年秋天，可能是出于舅舅的要求，也可能是出于自己求学的愿望，哥白尼来到了意大利，在舅舅曾就读过的博洛尼亚大学攻读教会法规。

在赴意大利的途中，哥白尼游览了当时德意志的仪器制造中心纽伦堡城。纽伦堡集中了大批技术高超的艺术家和手艺人，他们所制造的精密天文仪器曾驰名全欧。哥白尼在这里拜访了天文仪器制造者瓦特尔。

博洛尼亚是当时驰名全欧的最古老的学术中心，年轻的哥白尼来到这里，不管他舅舅的期望如何，他内心一定有自己的抱负和希望。

1497年初，他注册加入博洛尼亚大学的日耳曼馆。除了学习他的"专业"教会法外，他还花了许多时间来学习希腊文古典著作，很快，他的希腊文就很流利了。当然，他不会忘情于天文学，从兴趣来说，这才是他真正的专业。在这所学校，他又遇见了一位对他产生很大影响的人——天文学教授达·诺瓦拉。

达·诺瓦拉是当时博洛尼亚文艺复兴运动的一位领导人，他测定过南欧一些城市的纬度，发现这些纬度值同托勒密所得出的结果有差别；他还测量了黄道的倾角，发现黄道的倾角在逐步变化。这些天文实践，使他对托勒密体系发生了怀疑。他相信宇宙的结构一定可以用一个很简单的数学关系表达出来，决不会像托勒密体系所描绘的那么繁琐复杂。

诺瓦拉的思想对哥白尼产生了相当大的影响。他们在大学里的接触应该是相当多的，诺瓦拉教给了哥白尼一些天文学理论以及一些观测技能，但更重要的是诺瓦拉对托勒密体系的怀疑思想。1497年3月9日夜晚，哥白尼和他的老师一起观测了一次月亮掩星现象，当时金牛星座中的一颗一等星（在中国称为毕宿五）渐渐被月亮遮掩，他们对整个过程的确切时间作了详细的记录。这是他在《天体运行论》中所记载的、他一生中最早的天文实测记录。我们无从知道他当时的心情，但这次观测留给他的印象肯定是终生难忘的。如果我们冒昧地进行推测，那么哥白尼对旧宇宙体系的怀疑和新宇宙体系思想的萌芽，很可能就产生于在博洛尼亚大学学习期间。

1500年，正值罗马天主教会百年纪念的"盛典"。哥白尼和他的哥哥安德烈斯奉命作为他们教区的代表前往罗马参加庆典。这一趟旅行虽然是公务，可对于哥白尼来说，他显然还有另外的目的。在罗马，他足足住了一年。这期间，他进行了一系列的天文观测，其中有1500年11月6日的一次月食。哥白尼这一年二十七岁，对于一个学者来说，这个年龄似乎年轻了一些，但知识渊博的哥白尼好象已经有一定的名望了，因为他在罗马的一年里曾给大批学生和社会上有名望的人讲授数学。他同罗马的天文学家和数学家也有密切的接触，并很可能同他们讨论过宇宙体系问题。

1501年初，哥白尼离开博洛尼亚大学回国。和他的舅舅不一样，他并没有取得学位。返回波兰后，他宣誓加入神父团体，但并不想立即担任职务，而是想继续到意大利去进行他的研究工作。1501年7月，哥白尼获准再次去意大利求学。

这次他来到意大利的另一个学术中心帕多瓦，在帕多瓦大学攻读医学。帕多瓦大学的法律和医学早就在欧洲享有盛名。哥白尼离开这所大学时也没有取得学位，却于1503年5月31日在邻近的费拉拉大学获得了教会法规博士学位。为什么哥白尼在博洛尼亚大学学习了四年没有取得学位，而在费拉拉大学却得到了？这是哥白尼的经历中令人费解的地方，有人认为这是因为费拉拉大学获得学位所需费用较少的缘故。

　　哥白尼于1503年底返回波兰瓦尔米亚，并在那里定居。从那以后，除了在波兰和普鲁士境内的短期旅行外，他从未离开过这个他称为"地球上的遥远角落"的地方。

四十年的孕育

冲突

看到哥白尼回国,卢卡斯舅舅一定非常高兴。为了培养这个聪明的外甥,他倾注了太多的心血。现在他终于学成回国了,还有稳定的职位,卢卡斯感到他的精心设计有了成果。再说,卢卡斯本人年纪也大了，担任着瓦尔米亚地区主教的职务，那些行政事务让他时常有些力不从心。哥白尼的归来正好可以助他一臂之力。

在瓦尔米亚的初期，哥白尼没有到教堂任职，而是作了卢卡斯舅舅的私人医生。此外，还帮他处理一些教区的行政事务，陪他一起外出视察。

显然，卢卡斯选定了这个外甥作为自己的继承人，他认为这是理所应当的事。但哥白尼却有自己的一番考虑。他在意大利游学数年，已使他成为一个博学而有思想的人，他在天文学上已经有了深厚的积累，并且隐约感到统治了十三个世纪的托勒密体系有着致命的缺陷，他已经看到了他应该做些什么。这时候，怎么能让他为了在教会的前途而放弃心爱的天文学呢？

卢卡斯并没有想到这一点，他也无法理解哥

白尼。所以，当他发现外甥在陪伴他之余竟然如此专注于天文学，他一定有些好奇。可以想象，他和哥白尼谈论过天文学，他询问过哥白尼感兴趣的是什么，想做些什么。当哥白尼对他讲了自己的怀疑与想法之后，他惊讶了。他不明白，对于这样一个上帝创造的有秩序的宇宙，一个经过亚里士多德和托勒密这样的先哲们精心证明过的宇宙，难道还有什么值得怀疑的吗？外甥每天为这些事情沉思苦想，简直不可思议。这已经超出了一般的学问了，这与《圣经》是相违背的。自己这么多年的培养和期待，可不是为了造就一个对《圣经》产生怀疑的人。

卢卡斯不愿自己多年的心血化为泡影，他反对哥白尼沉迷于这种学问。这让哥白尼非常为难。他深知舅舅为培养自己所花的心血，也知道舅舅对自己的期望，可他不能为这个就放弃自己的研究！于是，争吵不可避免地发生了。这令双方都十分痛苦。在这种环境下，哥白尼无法专心于他对新宇宙体系的构思。

1510年前后，哥白尼离开了卢卡斯居住的海耳斯堡主教宅邸，搬到瓦尔米亚牧师会总部所在地弗隆堡。

哥白尼在1509年，当他还在海耳斯堡时，发表了他在以后30年中仅有的一本出版物——《道德、牧歌和爱情使徒书》，这是一本极其枯燥乏味的书，哥白尼把它从希腊文译成拉丁文。哥白尼为什么选择这本书，令后来的历史学家困惑不解。但从书中写给卢卡斯的献词中可以看出，它迎合了这位舅舅的口味。可以认为，哥白尼为了维持与舅舅的关系，还是做了不少努力。

1512年3月底，当卢卡斯参加了波兰女王的加冕典礼后，从克拉科夫返回瓦尔米亚时，中途在托伦突然逝世。舅舅的死给哥白尼带来了悲痛，但也解除了他多年来承受的约束和压抑。继任主教F.罗赛宁是哥白尼在博洛尼亚大学的同学，他对哥白尼的态度十分友好。这时候，哥白尼能以轻松的状态来从事他的天文研究了。

日心说要释

从意大利回来之后，哥白尼立刻投身于天文学研究中。为了更好地进行天文观测，他在1513年3月31日从瓦尔米亚牧师会的工场购置了八百块石料和一些石灰，盖成一座没有屋顶的塔楼，并安装了三架天文仪器。它们是视差仪、象限仪和星盘，分别用于月亮、太阳和恒星的观测。这座天文台被后人称为"哥白尼塔",作为天文学的一块圣地被保存至今。

在最初大约10年内,哥白尼重点钻研了行星运动理论,因为这是托勒密学说最大的缺陷所在,也是他创建新的宇宙理论的出发点。这为他的日心学说奠定了基础。

经过十多年的研究,哥白尼的学说有了初步的轮廓。1520年左右,哥白尼写了一篇短文来阐述他的学说的要点,这篇短文名为"关于天体运动的假说:地球绕日转动理论的初步纲要",我们简称为"日心说要释"。

哥白尼在文章的开始就明确指出当时天体运动理论中存在着矛盾,不论是前人的同心圆理论还是托勒密的偏心轮和本轮理论,都不能对行星的视运动给出令人满意的解释。

哥白尼试图寻找一种这些天体更合理的排列方式，从这种方式可以推出星体视运动的每一个偏差，天体绕着合适的中心运行依然可以保持均匀的圆周运动。我们注意到，哥白尼对天体的均匀圆周运动深信不疑，这是他一生没能超越的障碍。

如何做到这一点呢？哥白尼这时已经有新理论的模型了，但缺乏足够的资料来证明它。于是，他只是简单地把理论要点作为假设提了出来，就象几何学中的公理一样。一共有7点假设：

1.天上所有天体和天体所在的天球没有一个共同的中心。

2.地球的中心不是宇宙的中心，而是重力的中心和月亮圆球的中心。

3.所有的天球都绕太阳转动，太阳好像是一切的中央，所以宇宙的中心在太阳附近。

4.日地距离和天穹高度之比，比日地距离和地球半径之比要小很多，以至于地日距离和天穹高度相比就微不足道了。

5.在天穹上面出现的任何运动不属于天穹本身，而是由地球的运动引起的。地球和附着在地球表面的东西每天绕着它固定的两极自转一周，而天穹和最高的天则依然不动。

6.我们看到的太阳的运动并不是由于它本身在动，而是因为我们地球在动。我们和任何行星一样绕着太阳转动，于是地球就有了不止一种运动。

7.行星的视逆行和顺行不是由于它们的运动，而是由于地球的运动。

因此，只要用地球运动这一点就可以解释天上许多种视运动的不均匀性了。

根据这7点假设，哥白尼在"要释"中依次论述了天球的序列、三颗外行星（土星、木星和火星）和两个内行星（金星和水星）及月亮的运动、太阳的视运动和地球的三种运动——绕日运动、绕轴自转和所谓赤纬的运动。

"日心说要释"是哥白尼在一封信中寄给他的朋友们的，它非常简短，但它包括了哥白尼学说的主要内容。很明显，哥白尼当时已经在准备他的巨著——《天体运行论》，他在"要释"中说，为了简单起见，他不想列出数学推算，而是"把这些留在我更大的著作中谈"。他对自己的学说充满了自信，他认为自己不是"无理由地跟在毕达哥拉斯学派之后，主张地球的运动；从我的关于天球的论述里将找到强有力的证明"。而当时人们所信奉的地球不动说的主要论证，"大部分是根据表面的现象"。

这篇文章在哥白尼生前并没有发表过，在后来的《天体运行论》中也没有提到过，当时只有一些抄本在可信赖的朋友中流传。它可以看做是《天体运行论》的大纲。哥白尼在此后几十年里不断用观测和数学推算来充实和证明他的理论。

教士、医生和行政官

哥白尼所在的瓦尔米亚地区是一个贫瘠的农业区域，面积约为4000平方千米，与普鲁士接壤。哥白尼就在瓦尔米亚牧师会担任僧正。

在哥白尼所处的时代，欧洲的教会拥有很大的权力，不仅管理着宗教的事务，还对许多世俗的事务直接过问。这种行政与宗教权力的统一是欧洲中世纪历史的特点，被称为"政教合一"。

按这种制度，瓦尔米亚地区的行政、司法、

赋税等权力都掌握在由16位僧正组成的牧师会中。大多数僧正都和哥白尼一样，出身于富裕家庭，受过良好教育，各有自己的领地。担任教职意味着必须管理许多事务。从1510年起，哥白尼在牧师会中先后承担过各种职务，从管理磨坊、酿酒厂和面包坊，到担任外交使节，并曾一度代行主教职务。这些职务涉及的事务十分琐碎，哥白尼作为瓦尔米亚的"父母官"之一，他的日常生活非常繁忙，处理各种事务占用了他大量的时间。了解这些对理解哥白尼是有好处的。我们提到哥白尼时想到的往往是天文学家，想象中他肯定是专心于天文学中的学者，他的生活就是观测、计算和思索。而事实并非完全如此。哥白尼有一次甚至还涉及了战争。

　　1519年波兰与普鲁士两国爆发战争，普鲁士军队侵入了瓦尔米亚。在保卫国土的战斗中，哥白尼曾组织队伍进行过抵抗。后来，主教又派哥白尼等人作为信使与敌军谈判。停战以后，哥白尼又受命负责该地区的经济恢复工作，这时他表现出在经济上的一定才能。他发现当时的货币制度十分混乱，有许多假币充斥市场，而使真正的货币贬值，对此，他提出了"劣币淘汰良币"的理论，建议建立统一的货币，以促进贸易和商业的发展。为此，他受命主持过货币铸造工作。

在瓦尔米亚，一般人都把哥白尼当做是一位医生，因为在弗龙堡任职期间，他时常为人们治病。我们还记得他在意大利学过医，回国之初就任他舅父的私人医生。在他后来任职期间，他的另一项日常工作就是担任主教和牧师会成员的医生。这也耗费了他不少的时间与精力。

在这些情况下，哥白尼能用于天文研究的时

间和精力是有限的，他只有在职务的间歇才能从事天文研究。尽管如此，他仍坚持研究，充实着他那大胆的理论。

迟疑

在16世纪30年代初期，哥白尼的新理论已经通过非正式的渠道在欧洲流传。哥白尼本人并不热衷于此事，他只在与可靠的朋友的通信中谈到过他的理论。除了那篇未曾发表的"日心说简释"一文外，他在弗隆堡的几十年中不曾写过任何宣扬他学说的东西。

哥白尼了解自己的理论如果公之于众会引起什么样的反响，因此他对待自己的学说非常谨慎。他知道自己的理论需要充实，在"简释"中所提出的观点只是基于一些假说，还缺乏足够的数据。

在他所采用的数据中，绝大多数都是取自前人的著作，即当时通用的行星星历表，而不是自己观测的结果。如果这些数据有误，那对于自己正在建立的理论是很危险的。为了弥补这些缺陷，他决心用长期艰苦的努力来完成一部成熟、完整的论著。从1512—1529年，他尽最大努力从事天文观测，积累了关于行星运行、日食月食等天文现象的大批资料。到1535年，他已经编算出了新的星历表和历书。

尽管哥白尼无意过早宣扬他的学说，但他的理论还是慢慢流传开来，不过流传范围主要集中在哥白尼的朋友以及一些爱好天文学的教会人士。虽然当时的宗教教义主张地球是中心，但这并不排除某些教士赞同哥白尼的观点。1536年11月1日，一位红衣主教N.肖恩贝格从罗马给哥白尼去信，向他索取资料。这位主教对哥白尼的新学说十分赞赏，他建议哥白尼把新学说告知学者们，还希望得到哥白尼新理论的著作、表册以及有关这一课题的一切资料，而这一切的费用都由他来支付。从这位主教大人的热情来看，他希望哥白尼的著作能尽快出版，并且渴望社会"公正评价一位如此杰出天才的人"。

哥白尼是否给主教寄去了资料我们无从得知，但他无疑从这封信中受到很大鼓舞。哥白尼把这封信保存下来，后来在《天体运行论》的卷首刊载。令人遗憾的是，肖恩贝格在第二年就去世了，没有能够对《天体运行论》的出版起到直接作用。

除了肖恩贝格以外，还有一位主教T.吉兹也对哥白尼的学说表示支持。吉兹是哥白尼的同事，从1504年起他在牧师会任职，是哥白尼最亲密的朋友之一。他曾经屡次敦促哥白尼发表他的学说。

到了16世纪30年代后期,《天体运行论》的撰写已经接近完成,哥白尼却不愿意出版这部书。造成这种情况的原因很复杂,有些我们现在无从知道。除了哥白尼一贯的谨慎,对一些天文数据不断修订外,一个重要的原因可能是,他担心由于传统的偏见使人们难以接受他的学说,并对之进行恶意的嘲笑。而他不愿意看到自己耗费了毕生精力的理论遭到这种命运。《天体运行论》的原序是一篇给教皇的献词,哥白尼在其中表明了这种犹豫,他说:"我早已想到,对于那些因袭许多世纪来的成见,承认地球静居于宇宙中心的人们来说,如果我提出针锋相对的论断,即地球在运动,他们会认为这是疯人呓语。这些人听到地球在运动,就会大嚷大叫,宣称我和这种信念都应当立刻被革除掉。因此，当我想到这些困难时，我担心由于我的见解的新奇和难以理解而被人蔑视，这几乎迫使我完全放弃我已着手进行的工作。"

按哥白尼自己的说法，他在朋友们的劝说和要求下最终鼓起勇气出版这本书时，它已经在他的论文中被搁置了"四个九年"。

雷蒂库斯

1539年，一位27岁的年轻人来到弗隆堡。他叫G.雷蒂库斯，是威腾堡大学的数学教授。1538年，为了走访一些天文学家，他获准辞职。他因为仰慕哥白尼的学说，特意赶到波兰来拜访哥白尼，没想到一待就是两年。后来，他成为哥白尼唯一的学生。

雷蒂库斯是哥白尼学说的忠实追随者，他是

当时少有的认识到了哥白尼学说意义的人之一。他和哥白尼在一起的日子里，通过交谈和仔细阅读哥白尼的论文稿，他愈发意识到哥白尼理论的不同凡响之处。

他到弗隆堡的时候，哥白尼正对是否发表著作迟疑不决。这位年轻人不忍心看到这么一部伟大的著作埋没起来，极力鼓动他的老师出版这部著作。从1539年5月到1541年9月，雷蒂库斯和哥白尼住在一起，协助他修订书稿。为了宣传哥白尼的学说，他摘抄了哥白尼著作的一部分，以《哥白尼初论》为名予以发表。

雷蒂库斯的出现对哥白尼最后下定决心出版《天体运行论》起了非常重要的作用。哥白尼这时已是年近七十的老人，无论身体还是精力都显出衰老的迹象。他长期的谨慎到现在变成了犹豫，他的书稿并未整理完毕。年轻而且充满热情的雷蒂库斯正好在这些方面给哥白尼以必要的帮助。

雷蒂库斯虽然年轻，但在国内已有一定的名望，并且他的交游颇广。当哥白尼决心出版这部著作之后，雷蒂库斯承担了联系出版的任务。雷蒂库斯认识一位学术著作出版人彼德奥斯，经过劝说，彼德奥斯同意出版哥白尼的这本著作。

1541年秋天，雷蒂库斯离开弗隆堡，返回威腾堡大学任数学教授。这时他随身带着《天体运行论》的手稿。

诞生与死亡

哥白尼虽然同意出版他的著作，但他担心这本书问世后会遭到信奉亚里士多德和托勒密学说的人的攻击，并有可能受到主张地球是宇宙中心的教会的压制。于是，他在1540年7月写信给一位老朋友A.奥西安德尔商量，想找到一个妥善的办法。奥西安德尔是一位教士，同时也是一位作家。他并不同意哥白尼的观点，而认为圣经的教义是真理的唯一源泉。他于1541年4月给哥白尼回信，建议把日心地动学说作为一个假设，它不一定与实际情况相符，只是可以更好地满足计算星历表的需要。

哥白尼拒绝了这种采用虚构作法来掩饰真实思想的建议，他认为，人类的理智完全可以探求物质宇宙的真理，而他自己已经揭示出一些奥秘。

1542年5月，雷蒂库斯把《天体运行论》的一部完整手稿交给在纽伦堡的彼德奥斯。排印工作在6月份开始。

然而，当雷蒂库斯因为工作离开纽伦堡去莱比锡以后，彼德奥斯把《天体运行论》的编印任务交给了奥西安德尔。而就在一年前，哥白尼刚刚拒绝了这位与这思想相反的编辑的建议。这真是一个不幸的巧合！

奥西安德尔偷偷在书的前言中加进了一份虚构声明，把被哥白尼拒绝过的东西塞了进去，并且说天文学充满荒诞言论，谁要信以为真，就是傻瓜。而彼德奥斯对此一无所知。

奥西安德尔的不道德勾当遭到了雷蒂库斯和哥白尼的朋友吉兹的强烈谴责，雷蒂库斯写了一篇哥白尼传记和一篇短文，为日心说辩护，要求彼德奥斯加进这些资料和删提掉奥西安德尔的序言，发行改正版。但这些要求未能实现。奥西安德尔的序言也随着书的出版扩散开去，愚弄了不少后人。

《天体运行论》于1543年3月排印完成，它终于出版了，然而哥白尼已经无法享受他的著作诞生所带来的喜悦了。1542年12月初，哥白尼就重病在身。他患脑出血，右半身瘫痪，几个月卧床不起。

公元1543年5月24日，弗隆堡修道院，一位老人处于弥留之际，生命的火焰正慢慢从他眼中褪去，他颤抖着伸出冰凉的手指，终于碰着了床前的一本新书的封面，然后停在那里，他的呼吸也随之停止了。

《天体运行论》

"我们是从地球往上观看,天界的芭蕾舞剧在我们眼前重复演出……"

——《天体运行论》第一卷

哥白尼用毕生的心血浇灌出了一朵奇异的

花，这就是他的巨著——《天体运行论》。他生前没能看到他的思想所引发的对于科学和文明的震动，也没能享受到他应得到的光荣，但这丝毫不影响他成为一个伟大的人，因为他把思想都留在了他的著作中。

天界的芭蕾

哥白尼在《天体运行论》的第一卷中，用了一个比喻来描述我们所看到的宇宙景象——天界的芭蕾舞剧，这真是一个绝妙的比喻。

只有对探索宇宙充满热爱而且富有智慧的人才会想到这个比喻，哥白尼恰好是同时具备这两个要素的人。

在第一卷的引言中，哥白尼描述了他的热情："我认为必须用最强烈的感情和极度的热忱来促进对最美好的、最值得了解的事物的研究。"这种事物在他看来就是"探索宇宙的神奇运转、星体的运动、大小、距离和出没以及天界中其他现象成因的学科"——天文学。在谈到天文学研究的目的，他说："一切高尚学术的目的都是诱导人们的心灵戒除邪恶，并把它引向更美好的事物。天文学能够更充分的完成这一使命。"

因此我们不难理解，哥白尼在研究天文时感到有多么美丽，为此，他将一生献给了天文学。

哥白尼在第一卷中，论述了他所看到的天界的芭蕾。

宇宙和地球的形状

论述是从宇宙的形状开始的。哥白尼认为，宇宙是球形的。这似乎不需要什么证明，"因为在

一切形状中球是最完美的"，它既不能增、又不能减，是一切形状中最大的，最宜于包容一切事物的形状。宇宙中物体，大到太阳、月球，小到水滴，都呈现出这种形状。

大地的形状也是球形的。哥白尼举了一些例子来说明。对从任何地方向北行走的旅行者来说，周日旋转的天极（北天极）在渐渐升高，而南天极以同样的数量降低。在北方天空有些星星永不下落，而南方天空的有些星星永不升起。如果向南旅行，则会看到相反的情形。

另外，东边的居民看不见西边地区傍晚发生的日食月食，而西边居民则看不到东边地区早晨的日食月食。这些现象只能用大地是球形来解释。

大海的形状也是如此。航海家们早就发现，在从甲板上还不见陆地的时候，在船的桅杆顶端却能看见它。当船远离海岸的时候，岸上的人会看到渐渐消失的首先是船体，最后才是桅杆。

因此，由陆地和水体组成的大地是球形的。

天比地大

当我们站在一望无际的原野上，或者航行在辽阔无垠的大海上的时候，我们会感到大地的广阔，你的视线的极限处，仍然是大地。如果你不知道地球只是宇宙中的一个小小星球，你会承认它比天空小吗？

我们的祖先在面对这个问题的时候，就出现过这种犹豫。经历了许多代早期天文学家们的努力之后，人们终于得出地球比天空小的结论，但对于地与天的大小比例还没有正确认识。

古代天文学家意识到恒星离地球非常遥远，

所以不管他们的宇宙体系如何，都把恒星天球作为边界天球或者靠近边界的天球。如果宇宙非常大，那么日地距离、月地距离与恒星到地球距离之比就会是微乎其微；反之，如果宇宙很有限，这种距离之比就是比较显著的了。

哥白尼对地球与宇宙的大小有正确的认识。他在著作中论述这个问题的标题就是"天比地大，无可比拟"。他用了下面两个事实来说明。

根据长期观察，人们发现地平圈把天球正好分成相等的两半。地球是有一定大小的，在不同的地平圈上观察宇宙总能够看到等分的天球，这只能说明地球与天穹相比十分微小。

我们可以用一个例子说明哥白尼的解释。有一个篮球大的透明球体，它的球心处有一个乒乓球大小的球体，这两个球同心。在小球表面任何一点

（相当于观察者）作一个和大球相交的平面（相当于地平圈），它所分割的大球两部分是不相等的。如果我们把大球的直径扩大到100米，把小球缩小到黄豆粒大小，这时所分割出的两部分大球几乎相等，因为小球和大球相差太大，它表面的任何一点都可以近似看成是大球的球心；继续扩大两个球的差距，那么分割出的两部分大球可以完全看做是相等的。地球同宇宙的大小关系与此类似。

哥白尼的第二种方法是，从地球表面向天空中一点（比如说一颗恒星）引一条直线，再从地心向同一点引一条直线，这两条线自然不重合。如果这些线与地球相比其长无限，它们可看作平行线。如果这一点距地球极其遥远的话，这两条线看起来就会重合在一起。天文学家对恒星的观测证明了这一点。

哥白尼在创立日心学说后曾预言，由于地球绕日公转，应该能够观察到恒星视位置的改变（恒星视差），可他始终没能观察到这种现象。虽然这与观察手段和仪器有关，但最主要是因为地球到恒星距离相当遥远，日地距离与它相比微乎其微，所以难于观察到恒星视差。这反过来又证明了一点，正如哥白尼所说，"天穹比地球大得无与伦比，可以说是无限大"，"地球与天穹相比，不过是微小的一点，如有限之比于无限。"这种看法是意味深长的，虽然他没有说宇宙是无限的，但含糊地表达了这个意思。

天体的运动方式

我们在前面曾提到过，古代的天文学家和哲学家们都相信，天体是在固定的圆形天球上运动，因此天体的运动是匀速的圆周运动。哥白尼继承了这一思想。他认为，只有圆周运动才适合球体。

天体的运动以星体的周日旋转最为显著，因此给人以整个宇宙绕地球旋转的假象。但日、月及五大行星的运行则不那么规则，太阳和月亮的运行时快时慢，而五大行星的运行还有逆行和留，它们的轨迹中有明显的近地点和远地点。

前人用复合的圆周运动来解释，但仍无法解决所有问题。

哥白尼推测，这些星体的运动本来是均匀的，只是我们看起来不均匀。一个可能的原因是"地球并不位于它们所绕之旋转的圆周的中心"，从地球上观察行星的运转，我们的眼睛与它们轨道的每一部分并不保持固定的距离，因此会感觉到行星运行的不均匀。哥白尼这时写道："我认为首先必须仔细考察地球在天空中的地位，否则在希望研究最崇高的天体的时候，我们对最靠近自己的事物仍然茫然无知，并且由于同样的错误，把本来属于地球的事情归之于天体。"

就这样，哥白尼巧妙地把焦点转到了最关键的问题——地球在宇宙中的位置。

地球的位置

在哥白尼之前，地球居于宇宙中心静止不动的观点被普遍接受，从老百姓到学术权威及教会。与此相反的观点被认为是不可思议，甚至是可笑的。

哥白尼认为并非如此。他认为我们所观测到的位置变动，可能是由被测物体或观测者的运动引起的，也能够由这两者的不一致运动所造成。

哥白尼在这里提出了相对运动的问题。"我们是从地球往上观看,天界的芭蕾舞剧在我们眼前重复演出。"

因此,如果地球有任何一种运动,在我们看来地球外面的一切物体都会有相同的,但是方向相反的运动。天体的周日旋转似乎是整个宇宙环绕地球的转动,如果把它看成地球的周日转动而天穹没有参与这一运动,这同样符合日月星辰的实际情况。

如果你乘过船的话,一定有过这样的体验。当船向前行驶的时候,陆地和城市好像在后退,这实际上是船运动的结果,但在船上的人看来,船上的一切东西都是静止不动的。哥白尼引用了一句诗描述这种景象:

"我们离开港口向前远航,陆地和城市悄悄

退向后方。"

同样，地球的运动无疑会产生整个宇宙在旋转的印象。为什么人们不承认地球具有运动的特性，却宁愿把这种运动赋予整个宇宙呢？托勒密曾说，如果地球每二十四小时自转一周，那么这种高速运转会使得地球分崩离析，一切生物和活动的重物都不会安然无恙地留存下来。对此，哥白尼反问道，如果是宇宙在旋转的话，托勒密为什么不替运动比地球快得多并比地球大得多的宇宙担心呢？

托勒密曾用土壤、空气和云的静止，以及上抛物体垂直落向地面来证明地球的静止。我们现在很容易就能用初等物理中的惯性原理来解释，但在哥白尼时代，人们还没有发现这个原理。哥白尼直观地猜测到土和水以及靠近地面的空气跟着地球一起在运动，这是因为空气与土或水，也遵循和地球一样的自然法则，从旋转的地球获得了运动。而升降物体在宇宙体系中运动都具有两重性，每一种运动都是直线运动与圆周运动的结合。我们应该承认，哥白尼的这种分析在相当大程度上是合理的。

哥白尼总结说，地球在运动比它静止不动的可能性更大，周日旋转对地球更为适宜。

既然否认地球运动是没有道理的，哥白尼进一步提出，是否地球同时有几种运动，于是可以把地球看成一颗行星？因为从人们看到行星的非均匀运动以及它们离地球距离的远近，都不能用以地球为中心的同心圆周运动来解释，这表明地球并不是一切运转的中心。

如果认为地球也按别的方式运动，如绕着某个中心旋转，它的这种运动必然会在它外面的天体上反映出来。比如观察到的太阳的周年运动，如果把它看成是地球运动，而太阳静止不动，那么天上的恒星和星座都会以相同方式在早晨和晚上呈现出东升西落；行星的留、逆行和重新顺行都可以看作不是行星的运动，而是通过行星反而表现出来的地球运动。

就这样，哥白尼把地球从宇宙静止中心的神圣位置上拉了下来，只给了它一个普通行星的位置。从地球运动产生的现象中，哥白尼认为太阳是宇宙的中心。

天球的顺序

哥白尼在坚信地球运动的基础上，给出了他的宇宙体系。

这个宇宙体系现在看来太平常了，我们在学习宇宙的基本知识时不就是这样讲的吗？我们还能够轻易地挑出许多毛病呢。但在当时，这是一幅全新的宇宙图景，从来没有人像他这样给出如此清晰、如此大胆地提出宇宙观念，这与影响人们一千多年的托勒密宇宙体系是如此大相径庭，这引起了学者们的纷纷议论。就像科幻电影中描写的一样，我们都相信恐龙已经在数千万年前灭绝，但有一天突然从一个秘密实验室里跑出一只庞大的恐龙，在城市里横行霸道，整个世界都为之注目。

在哥白尼的宇宙体系中，恒星天球处在最高的位置，所有恒星都处在一个天球上。这一点哥白尼继承了古代的观点。

但有所不同的是，哥白尼对宇宙大小的认识较为正确，他的恒星天球处在非常遥远的位置，离最远的行星天球都有着遥远的距离。恒星天球静止不动，是宇宙的场所，其他一切星体的位置和运动都以它为基准。

恒星天球之内是第一颗行星——土星的天球，土星每30年完成一次绕日公转。

在土星之内是木星，它每12年公转一次。

然后是火星，它每2年公转一次。

在行星中排第四位的是地球连同月球的天球，它们每年公转一次。

在古代，人们认识到月亮是离地球最近的天体，但以托勒密体系为代表的看法是，月亮是和太阳、行星同样地位的星体，与它们一样绕静止的地球旋转。哥白尼认为月亮是地球的卫星，它在月亮天球上绕地球旋转。"无论如何不能把月亮同地球分开；因为无可争辩地月亮是离地球最近的天体。"为了解释这一带着卫星的特殊天球，哥白尼为它找到了合适的住处：在火星天球和金星天球之间，容纳了地球及月球和月亮天球所包含的东西。这对月球来说"是一个完全合适的和充分的空间"。

在地球和月球天球以内是两颗内地行星——金星和水星的天球。哥白尼第一次正确给出了这两颗内地行星的正确位置，而在他之前，对此一直是众说纷纭。

紧靠地球之内的是金星天球，它以9个月的周期绕太阳公转。

离太阳最近的是水星天球，它以80天的周期绕太阳公转。

太阳位于哥白尼体系的中心位置，它是静止不动的。哥白尼似乎很高兴把太阳放在这样一个位置上，"在这个美丽的殿堂里，它能同时照耀一切。难道还有谁能把这盏明灯放在另一个、更好的位置上吗?""太阳似乎是坐在王位之上管辖着它的行星家族。"

哥白尼对自己的宇宙体系充满自信,他自我评价说:"我们从这种排列中发现宇宙具有令人惊异的对称性,以及天球的运动和大小的已经确定的和谐联系,而这是用其他方法办不到的。"

地球的三重运动

哥白尼把地球从静居宇宙中心的位置上拉了下来,给了它一个平常的地位——行星,那么我们就得学会从一个完全不同的角度来看宇宙、解释宇宙。

统治了一千多年的托勒密学说的基础不存在了,哥白尼必须给出新的解释来填补这个"真空"。

哥白尼说地球是运动的，那么它是在怎样运动呢？

因为我们在后面不得不提到某些概念，所以还是让我们从最简单的几个概念说起吧。

天球、黄道与赤道

人们是从地球上来观察宇宙的，所以很容易以为自己处在宇宙的中心。为了方便起见，我们完全可以把自己看成是观察宇宙的中心（同样，如果火星上有生物，他们也可以把火星当成是观察宇宙的中心。这与哪一种宇宙观没有关系），这样，我们就好像处在一个假想的球的球心。我们观察到的所有天体，都可以看成是它们在这个巨大的球上的投影。遥远的恒星在球上的位置是不变的（当然，我们现在知道恒星的位置也是变化的），因此它们的位置可以当做其他星体位置改变的参照。

月亮和行星的运动好像是在恒星间的运动，太阳的运动（它的视运动）也给人同样的感觉。把这些星体的不同位置记录下来，就可以得到它们在这个假想的球上的轨迹。

这个假想的球叫做天球。

所有的天体在天球上都有自己的轨迹，只有一个例外。想想看，是哪一个？对了，它是地球。但是，如果地球上有一些假想的线，比如经线、纬线、地轴，我们也可以把它们无限延长，在天球球面上找到它们的位置。当然，这些位置仍然是用恒星来确定的。

太阳给人的感觉是在运动，它在恒星间位置的改变一年完成一个圆周。这个圆周被古人称为黄道。

托勒密体系认为黄道是太阳绕地旋转的轨道，而哥白尼体系则认为黄道是地球绕日公转的轨道，但作为一种坐标，它是一样的。

地球上最大的纬线圈叫赤道，把赤道无限延伸到天球上，我们就可以得到天赤道，有时把天赤道简称为赤道。

同理，把地球的自转轴延伸，和天球相交于两点，与北极对应的是北天极，与南极对应的是南天极、我们所熟知的北极星，就在离北天极非常近的地方。

这些概念构成了我们观察宇宙的基本坐标。

第一重运动

哥白尼的第一重运动很好理解，就是引起昼夜变化的自转。它使地球自西向东绕轴转动，但是看起来好像是宇宙在沿相反的方向运动。古希腊人描述过这一点。

第二重运动

第二重运动哥白尼称之为地心的周年运动。

对于这种运动，哥白尼正确地解释为是地心在黄道上的运行，其运动方向也是由西向东。由于这种运动，太阳似乎在黄道上作相似的运动，只不过方向和位置与地球相反罢了。

地心围绕太阳周年运转，而地球本身又在自转，那它是以什么姿势来完成这两种运动的呢？

哥白尼认为，黄道面、赤道以及地轴都有可以变化的倾角。如果地球只以一个固定的倾角绕日公转，并且只受地心运动的影响，那就不会有昼夜长度不等了，某些地方总是有最长或最短的白昼，或者昼夜一样长；在季节上也不会有变化了，或者永远是夏天或冬天，或者随时都是一种固定的季节。

　　细心的读者看到这里一定有些糊涂了，地球的真实运动不正是以一个固定的倾角绕日转动的吗？为什么哥白尼让这些角度可以变化呢？

　　我们必须牢记一点，哥白尼始终认为，所有天体是嵌在它所在的固定天球中随着天球一起运动的。地球在这种运转中，势必会以一个固定的角度始终面对或背离着太阳，这样就不会有季节和昼夜长短的变化了。

　　我们可以假想用铁丝编一个结实的大球，它可以绕着固定的轴转动，那么就会有一个转动的大圆。你被很结实地绑在转动的大圆上，头部倾斜向着大圆的圆心，那儿亮着一盏功率很大的灯。在转动大球的时候，你的头部始终向着灯，于是你会感到头部慢慢被那盏灯烤得热起来。

哥白尼的地球就是这样绑在天球上，不同的是地球还在绕轴自转。

因此，他提出了第三重运动。

第三重运动

第三重运动在我们看来纯属多余，而哥白尼却认为至关重要，这就是他所谓的倾角的运动。

地球在自由的空间轨道上绕日公转，同时它的自转轴始终指着固定的天极不变。因此它的自转轴与公转轨道面（黄道面）形成一个固定的角度，这样就使得北半球和南半球交替地朝向和背离太阳。

而哥白尼既然相信地球是嵌在固定的天球中

的，他就要找到一种方法，使得地球在随固定的天球公转时自转轴保持不变，这就需要使倾角在公转时有一种运动。哥白尼想象的这种运动的周期同公转周期一样，也是一年，这样就同观察事实相符了。

哥白尼第一个成功地把地球的自转与公转结合起来，解释了昼夜长短和季节的变化，但如同他没有抛弃掉圆周运动一样，他没能抛弃固定天球的概念，这使得他用智慧虚设了一种不必要的运动，尽管他的解释是相当精彩的。

岁差

现在我们知道了黄道和赤道，这两个圆在天球上斜交，两个交点分别叫做春分点和秋分点。由于黄道面和赤道面都是基本固定的，所以它们斜交的角度也是基本固定的,大约是23°26'。春分点和秋分点的位置如何呢?它们也可以看成是基本固定的。

然而,事实并非如此。

古代天文学家在确定一年的长度的时候,往往可以采用两种方法。一种是以春分点或秋分点为基准,这样测出的年叫回归年;另外一种是以恒星为基准测得的年。在古代,这两种年是不加区分的。

到公元前二世纪,天文学家喜帕恰斯在测量一年的长度时,首先发现这两种年是不一样的。通过仔细观察,他发现以恒星为基准测出的一年要比以二分点为基准的一年要长。喜帕恰斯认为这是因为恒星在沿黄道缓慢地移动,但这种移动是难以觉察的。事实上,是黄道和赤道的交点在缓慢地移动，这就是岁差。喜帕恰斯定出的岁差值是每年36"。

以后的不少天文学家，包括哥白尼都对岁差值进行过测量，但在哥白尼之前对岁差形成原因的解释都不正确。由于人们相信地球不动，所以有些人提出第九层、第十层天球，甚至第十一层天球来解释恒星的这种微小运动。

在天上加上这么多的圆球实在是太繁琐，哥白尼对这种做法颇不以为然，这完全不同于他认为宇宙是简洁的看法。为什么不考虑是地球在运动呢？由于哥白尼把地球当做一个普通的行星，又对地球绕日公转时的姿态进行了正确描述，他确信岁差的产生来自于地球的某种运动。这种运动就是地球自转轴不易察觉的运动，正是它产生了黄、赤交点的移动。

事实证明他是对的。

月球

《天体运行论》的第四卷专门讨论月球的运动。

哥白尼认为月球是地球的卫星，这相对于前人来说无疑是一个大的进步。

哥白尼很重视对月球运动的研究，因为月亮在白昼和黑夜都可以看见，用它可以确定和验证星体的位置。还有，月球是地球的卫星，是宇宙中离地球最近的天体，它的运动与地心有最密切的关系。

哥白尼认识到了月球运动的复杂性，他发现，月球既不在黄道带上运动，也不在赤道带上运动，而是有自己的轨道——白道。另外，月球的运行速率不均匀。这后一点很重要，曾让古代天文学家们大伤脑筋。为了解释它，托勒密等人找出了本轮和均轮作武器，但哥白尼指出，如果用托勒密的解释方法，得出的结论就会是：月球在本轮上的运行也是不均匀的。要让天体作不均匀的运转，这是哥白尼不能接受的，在这一点上他与托勒密没有什么不同。

哥白尼对这个问题作了精细地研究。他曾于1511年10月6日、1522年9月5日和1523年8月25日三次对所发生的月食进行了精心观测，测定了接触的时刻和方位，得到了一些重要数据。他利用了前人研究月球的一些方法，进行了仔细地计算。为了解释月球的运动他提出了"第一本轮"和"第二本轮"的概念。让我们来看一看下面的解释，只要我们耐心一点，就能知道这两个本轮是什么名堂。

D是地心的位置，C为月球轨道的中心，圆周AB是月球的第一本轮，FE为月球的第二本轮，G为第二本轮的中心。一定有读者开始糊涂了，别着急，我们看看哥白尼认为月球是怎么绕着地球转的：月球在圆周FE上绕着中心G均匀转动，G再绕着中心C均匀转动，然后C再绕着地心D均匀转动。月球的绕地公转被看成是三重匀速圆周运动的复合。

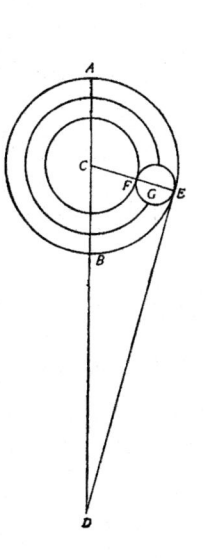

哥白尼不同于前人的地方之一是他给出了这些本轮与均轮的相对数值，如果取CD=10000单位，那么第一本轮的直径为1334单位，第二本轮直径为474单位。

哥白尼给出这么复杂的月球运转方式真是令

人遗憾，聪明的读者一定看出他的毛病出在哪里了。尽管他的观测比前人精确，对月球运动的不规则性有了进一步认识，但他依然没有摆脱天体圆周运动这个古老观念的束缚，于是他又捡起托勒密用过的本轮、均轮作为工具。

这使他无法理解月球运动的实质。当然，这不能怪哥白尼，人毕竟不能摆脱历史的局限，人类认识的进步总是经历许多代之后才前进那么一小点。

行星

天空中的"流浪汉"——行星的运动似乎是没有规律可循的，如何解释它们的运动是让历代天文学家头疼、但又不得不做的事情。

哥白尼在《天体运行论》中把篇幅最大的第

五卷和第六卷都用于论述金、木、水、火、土五颗行星的轨道和运动规律，这一部分构成日心学说的主要内容。

哥白尼明确指出，行星的视运动是由它们与地球绕日运动共同形成的。他说"地球的均匀运动超过行星运动（土星、木星和火星属于这种情况）或被行星运动超过（金星与水星便如此）的差值"，便是视差运动的来源。

右图是对一颗地外行星视运动的解释。当地球在从A到N运行时，行星相应的真实位置是A'到N'，它在恒星背景中的视位置则分别是A"

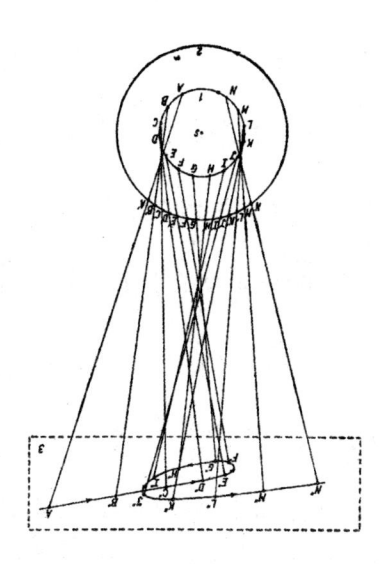

到N"。从A"到E"行星的视运动是顺行，但速度在逐渐减慢，从E"到F"之间有短暂的"留"，从F"到J"是逆行，J"又是"留"，然后又是顺行。我们比较一下地球和行星的运动，很容易就能解释为什么行星看起来是这样运动。

哥白尼对于行星视运动的基本成因的解释是合理的。但具体方法则要比上图复杂得多，因为一旦涉及用圆周运动来描述本来是椭圆轨道的运动，哥白尼就不得不求助于本轮、均轮和偏心圆了。

一般说来，行星在小本轮EF上运转，而小本轮的中心A在以C为中心的均轮上运动，地球轨道在一个偏心圆上，其中心不是C而是D。这样，可以解释行星轨道的

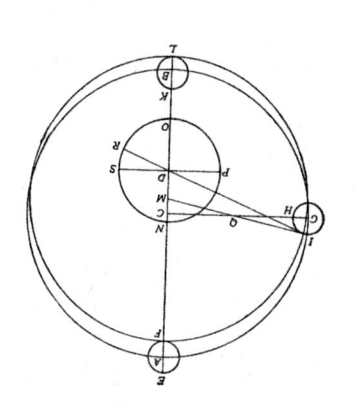

远地点以及行星视运动中的顺行、留和逆行现象。但是，由于哥白尼没有跳出天体圆周运动的框框，他的解释是有局限的。

哥白尼学说的影响

哥白尼的日心学说创立了一个新的宇宙体系，它完全不同于亚里士多德和托勒密的地心体系——这一体系被人们所接受已有一千多年，并且由于和圣经中的教义相符，得到了教会的赞同。到了哥白尼时代，地心体系已经是被官方认可的宇宙体系了。从这个意义上讲，哥白尼的学说具有革命性的意义。

但这种意义在哥白尼著作出版后的最初几十年里并没有立刻表现出来。日心学说在天文学家中没有造成震动，也没有影响到当时的天文学；教会也没有因为日心学说不合教义而对它采取行动。哥白尼曾把他的著作献给教皇，教皇本人并未对此书的观点表示反对。

所有的影响都在几十年之后才表现出来。第一个与哥白尼学说有关的事件是布鲁诺事件。

布鲁诺生于1548年，他是一个主张改革的教士，又是一位哲学家。他赞同哥白尼的学说，在有些方面他比哥白尼走得更远。如哥白尼认为太阳是宇宙的中心，他含糊地回避了宇宙的有限和无限问题，而布鲁诺则坚定地认为宇宙是无限的，它包含了无数个同我们一样的世界，每个世界里都有太阳和行星。这就使地球的地位进一步下降，在宇宙中处于无足轻重的位置，只是对于我们人来说才显得重要。布鲁诺对哥白尼学说的细节不是特别感兴趣，但他有效地利用日心学说来充实他的哲学观点。

布鲁诺激烈地主张改革，并且到处传播他那大胆的哲学，因而引起了教会的不安。教会认为他的活动威胁到了教会的权力和宗教的神圣，于1592年在意大利的威尼斯将他逮捕，后来送到罗马，经宗教法庭审判后判处死刑，于1600年2月17日被烧死在罗马的鲜花广场。一般观点认为布鲁诺是因为宣扬哥白尼学说而被处死的，事实上主要是因为他在宗教上的所谓"异端"行为。但教会从此以后对哥白尼学说的限制加强了，1616年，教会宣布《天体运行论》为禁书，除非按教会的要求予以修改，否则不能出版。

另一位受哥白尼学说牵连的人是伟大的科学家伽利略。

伽利略1564年出生在意大利北部城市比萨。

他赞同并且积极宣传哥白尼学说。他曾写过一本书《关于托勒密和哥白尼两大世界体系的对话》，用对话的形式宣扬了哥白尼学说，对托勒密宇宙体系的思想进行了嘲讽和否定。

该书出版后，引起了教会的恐慌。教会宣布该书为禁书，并且囚禁了伽利略。1633年，宗教法庭宣判伽利略有罪。迫于教会的压力，伽利略在法庭上认了罪，但据说他在宣判书上签字时还在喃喃自语："地球仍然在转动。"

然而，科学的发展并不因人为的阻碍就停止了，人类对宇宙的认识依然在进步。

在哥白尼开创的基础上，经过开普勒、伽利略、牛顿等人的工作，天文学获得了很大发展。经过一代代人的努力，终于有了我们今天的天文学，有了今天对宇宙的认识。

真实的宇宙

　　托勒密认为宇宙的中心是地球，而哥白尼认为宇宙的中心是太阳，地球只是一颗普通行星。相比之下，哥白尼学说无疑进步了很多，但正如我们前面提到过的，它只是相对正确地反映了我们的宇宙，还远远没有揭示出宇宙的奥秘。直到现在，我们离这一步也还差得很远。

那么我们到底能不能回答本书标题的问题：宇宙的中心在哪里呢？答案也许让人失望：我们不知道中心在哪里，或者说我们不知道宇宙有没有中心。托勒密和哥白尼关于宇宙中心的假设现在看来都是错的。

可大家不要失望，我们已经能够从人类的家园看很远了。下面我们简单回顾一下我们所认识的宇宙。

地球——人类的家园

人类生活的地球是宇宙中一颗普通的行星。它沿椭圆形的轨道绕太阳旋转，同时它又绕着固定的轴自转。地球的自转轴指着宇宙中的一个固定方向，基本不变。

地球自转一周的时间大约是24小时,我们称之为一天,地球上大部分人感觉到经历了一个完整的白天和黑夜。

地球绕太阳公转一周的时间大约是365天,我们称之为一年,人们的感觉是经历了季节的变换。

地球离太阳的平均距离大约是1亿5千万千米,光线从太阳到达地球需要8分半钟。

地球有一颗卫星——月球,它是离地球最近的天体。月球围绕地球旋转的周期大约是29天。

由于许多偶然的原因,地球上诞生了生命,生命不断进化,最终产生了人类。地球是人类的家园。

行星——地球的伙伴

地球并不孤独,它有许多伙伴。它们是与地

球同样的行星，也沿着椭圆轨道绕太阳旋转。所不同的是，它们轨道的大小不一，个头大小也不一样，在它们上面，也没有发现有地球上同样的生命。

到目前为止，人类发现的围绕太阳公转的行星有8个，从离太阳最近的一颗算起，它们依次是：水星、金星、地球、火星、木星、土星、天王星和海王星，除此之外，在火星轨道和木星轨道之间，还有一个小行星带。

除了行星与它们的卫星之外，还有另一种天体也绕太阳旋转，它们接近太阳时，其外形奇特——它们有着长长的明亮的尾巴，它们叫彗星。

太阳——普通的恒星

行星们好像一个大家庭的成员，而这个家庭

的首领当然是太阳。

太阳自身发光发热，是宇宙中一颗普通的恒星，无论从年龄、个头来看，它在恒星中都是属于中等。

太阳和绕它运行的行星、彗星一起，组成了宇宙中的一个小小的基本系统——太阳系。

太阳显然是太阳系的中心，但不是如哥白尼所认为的那样，处在行星圆形轨道的中心附近，更不是象哥白尼所说的那样，是宇宙的中心。

太阳也在运动。它率领着太阳系，以每秒250千米的速度，同其他亿万颗恒星一起（或许也有亿万个太阳系？）绕着某个中心转动。包括了太阳的这亿万颗恒星以及它们所带的行星（如果它们有行星的话），还有星云，一起构成了宇宙中更大一级的系统——星系。太阳所在的星系叫银河系。

银河系

　　银河系是由亿万颗恒星、行星、星云组成的。它的形状像一个透镜，中心部位最厚，越向两边就越薄。

　　银河系两边的距离是100 000光年，这个距离有多远呢？如果有一束光线从银河系的一边穿过它的中心到达另一边，需要跑上10万年！要知道光的速度是每秒300 000千米。太阳所在的位置距银河系中心大约有27 000光年，差不多在银河系半径的一半那么远。

　　银河系中心的厚度大约有16 000光年，太阳位于银河系上下两边之间一半的地方，因而我们看起来银河把天空分成了相等的两半。

　　恒星是银河系中的主体。根据目前掌握的知识进行推算，银河系里大约有3 000亿颗恒星。而天空中能被肉眼所看到的所有恒星大约是6 000颗，这就是说，每当我们看见一颗银河系里的星，就有50 000 000颗肉眼看不到的星。

无限的宇宙

然而，这并不是宇宙的全部。银河系只是一个恒星聚集体，在它之外，还有另外的恒星聚集体——其他的星系，由于它们在银河系之外，我们称之为河外星系。

正如恒星的特点各异一样，河外星系也是各不相同。它们的大小、距银河系的远近都不一样。有的星系孤零零地存在于宇宙中，还有许多星系相对集中地聚集在一起，形成星系群。就目前的观察能力，我们发现可能存在有1 000亿个星系。

但这还不是宇宙的全部。每一次人类提高自己的观察能力，都能获得许多新的发现，但都没有看到能称得上是宇宙边界的东西。应该意识到，我们所看到的，仅仅是我们所能看到的。到目前为止，人类所发现的，只是部分宇宙。

如果宇宙是无限的，那么关于它的中心的讨论就失去了意义。以现在的知识来看哥白尼的发现，我们很容易就能看到它的不足，但这是人类认识过程中的必经之路。我们从自己的家园眺望宇宙，目光一步步远离地球，但我们必须知道，我们始终是站在前人的肩上来看世界，从这个意义上来说，托勒密和哥白尼的伟大将永远存在。

世界五千年科技故事丛书

01. 科学精神光照千秋：古希腊科学家的故事
02. 中国领先世界的科技成就
03. 两刃利剑：原子能研究的故事
04. 蓝天、碧水、绿地：地球环保的故事
05. 遨游太空：人类探索太空的故事
06. 现代理论物理大师：尼尔斯·玻尔的故事
07. 中国数学史上最光辉的篇章：李冶、秦九韶、杨辉、朱世杰的故事
08. 中国近代民族化学工业的拓荒者：侯德榜的故事
09. 中国的狄德罗：宋应星的故事
10. 真理在烈火中闪光：布鲁诺的故事
11. 圆周率计算接力赛：祖冲之的故事
12. 宇宙的中心在哪里：托勒密与哥白尼的故事
13. 陨落的科学巨星：钱三强的故事
14. 魂系中华赤子心：钱学森的故事
15. 硝烟弥漫的诗情：诺贝尔的故事
16. 现代科学的最高奖赏：诺贝尔奖的故事
17. 席卷全球的世纪波：计算机研究发展的故事
18. 科学的迷雾：外星人与飞碟的故事
19. 中国桥魂：茅以升的故事
20. 中国铁路之父：詹天佑的故事
21. 智慧之光：中国古代四大发明的故事
22. 近代地学及奠基人：莱伊尔的故事
23. 中国近代地质学的奠基人：翁文灏和丁文江的故事
24. 地质之光：李四光的故事
25. 环球航行第一人：麦哲伦的故事
26. 洲际航行第一人：郑和的故事
27. 魂系祖国好河山：徐霞客的故事
28. 鼠疫斗士：伍连德的故事
29. 大胆革新的元代医学家：朱丹溪的故事
30. 博采众长自成一家：叶天士的故事
31. 中国博物学的无冕之王：李时珍的故事
32. 华夏神医：扁鹊的故事
33. 中华医圣：张仲景的故事
34. 圣手能医：华佗的故事
35. 原子弹之父：罗伯特·奥本海默
36. 奔向极地：南北极考察的故事
37. 分子构造的世界：高分子发现的故事
38. 点燃化学革命之火：氧气发现的故事
39. 窥视宇宙万物的奥秘：望远镜、显微镜的故事
40. 征程万里百折不挠：玄奘的故事
41. 彗星揭秘第一人：哈雷的故事
42. 海陆空的飞跃：火车、轮船、汽车、飞机发明的故事
43. 过渡时代的奇人：徐寿的故事

世界五千年科技故事丛书

44. 果蝇身上的奥秘：摩尔根的故事
45. 诺贝尔奖坛上的华裔科学家：杨振宁与李政道的故事
46. 氢弹之父—贝采里乌斯
47. 生命，如夏花之绚烂：奥斯特瓦尔德的故事
48. 铃声与狗的进食实验：巴甫洛夫的故事
49. 镭的母亲：居里夫人的故事
50. 科学史上的惨痛教训：瓦维洛夫的故事
51. 门铃又响了：无线电发明的故事
52. 现代中国科学事业的拓荒者：卢嘉锡的故事
53. 天涯海角一点通：电报和电话发明的故事
54. 独领风骚数十年：李比希的故事
55. 东西方文化的产儿：汤川秀树的故事
56. 大自然的改造者：米秋林的故事
57. 东方魔稻：袁隆平的故事
58. 中国近代气象学的奠基人：竺可桢的故事
59. 在沙漠上结出的果实：法布尔的故事
60. 宰相科学家：徐光启的故事
61. 疫影擒魔：科赫的故事
62. 遗传学之父：孟德尔的故事
63. 一贫如洗的科学家：拉马克的故事
64. 血液循环的发现者：哈维的故事
65. 揭开传染病神秘面纱的人：巴斯德的故事
66. 制服怒水泽千秋：李冰的故事
67. 星云学说的主人：康德和拉普拉斯的故事
68. 星辉月映探苍穹：第谷和开普勒的故事
69. 实验科学的奠基人：伽利略的故事
70. 世界发明之王：爱迪生的故事
71. 生物学革命大师：达尔文的故事
72. 禹迹茫茫：中国历代治水的故事
73. 数学发展的世纪之桥：希尔伯特的故事
74. 他架起代数与几何的桥梁：笛卡尔的故事
75. 梦溪园中的科学老人：沈括的故事
76. 窥天地之奥：张衡的故事
77. 控制论之父：诺伯特·维纳的故事
78. 开风气之先的科学大师：莱布尼茨的故事
79. 近代科学的奠基人：罗伯特·波义尔的故事
80. 走进化学的迷宫：门捷列夫的故事
81. 学究天人：郭守敬的故事
82. 攫雷电于九天：富兰克林的故事
83. 华罗庚的故事
84. 独得六项世界第一的科学家：苏颂的故事
85. 传播中国古代科学文明的使者：李约瑟的故事
86. 阿波罗计划：人类探索月球的故事
87. 一位身披袈裟的科学家：僧一行的故事